CATALOGUE

DE

TABLEAUX

ANCIENS ET MODERNES

DE MARBRES

Par François FLAMAND et MAROCHETTI

ET DES ÉTUDES FORMANT LE CABINET & L'ATELIER DE M. FELLY

PAR

HORSIN DÉON

PEINTRE, RESTAURATEUR HONORAIRE DES TABLEAUX DES MUSÉES IMPÉRIAUX
MEMBRE DE PLUSIEURS SOCIÉTÉS ARTISTIQUES ET SAVANTES

Rue Chabanais, n° 1

DONT LA VENTE AUX ENCHÈRES PUBLIQUES AURA LIEU

HOTEL DES COMMISSAIRES-PRISEURS

Rue Drouot, n° 5

SALLE N° 5

Le Samedi 18 Janvier 1862, à 1 heure précise.

Par le ministère de Me **LEVILLAIN**, Commissaire-Priseur,
rue du Faubourg Montmartre, 62.

EXPOSITION PUBLIQUE

Le Vendredi 17 Janvier 1862, de une heure à cinq heures.

PARIS

RENOU & MAULDE

IMPRIMEURS DE LA COMPAGNIE DES COMMISSAIRES-PRISEURS
RUE DE RIVOLI, 144

1862

CONDITIONS DE LA VENTE

Elle sera faite au comptant.

Les acquéreurs paieront, en sus des adjudications, 5 c. par franc, applicables aux frais.

La Collection dont nous donnons le Catalogue, se compose d'œuvres anciennement choisies par un peintre qui aimait l'art et ses productions avec enthousiasme. Aussi, tous les ouvrages que nous offrons en vente, jouissent-ils d'un mérite incontestable. Le *Sommeil de l'Amour*, par François Flamand est un chef-d'œuvre ; la *Corbeille de Fleurs*, de Van Spaendonck, un des meilleurs tableaux du maître. Le Van Pol, le Brackemburg ne sont pas moins beaux. En un mot, tous ces tableaux, couverts d'un ancien vernis, méritent à plus d'un titre tout l'empressement des amateurs.

DÉSIGNATION

DES

TABLEAUX

ÉCOLES FLAMANDE, HOLLANDAISE & ALLEMANDE

BÉGA (Corneille).

1 — Intérieur de cabaret.

La marchande verse à boire à deux de ses pratiques nonchalamment accoudées sur son comptoir. Un peu en avant, un galant de village, le verre en main, courtise une jeune femme. Quelques accessoires bien touchés, un coloris blond parfaitement en rapport avec le sujet, complètent l'ensemble de cet agréable tableau.

VAN DER BENT.

2 — Paysage et animaux.

BRACKEMBURG.

3 — Fête flamande.

Un grand nombre d'hommes, de femmes et d'enfants sont réunis dans une vaste pièce de maison rustique. Une vieille femme qui fait des crêpes dans la cheminée, adresse la parole à une jeune fille qui est assise, tenant un verre à la main, près d'une table qui occupe le centre du tableau. Un homme monté sur cette table verse à boire à la nombreuse assistance qui l'entoure. D'autres groupes joyeux à gauche; au fond des musiciens, et sur le premier plan, des enfants, un chien, des instruments de cuisine complètent ce gai et amusant tableau qui possède encore cette transparence de couleur, cette exécution facile et soignée qui forment le principal charme des productions flamandes.

CARPENTERO (Jean-Charles).

4 — Le Pâturage.

Dans une prairie bordée par un fleuve, des vaches sont gardées par une femme qui cause avec un homme assis près d'elle.

CERQUOZZI.

5 — Halte de voyageurs à la porte d'une locanda.

CRAESBEKE.

6 — Portrait de ce maître, peint par lui-même.

7 — Les Misères de la guerre.

Des soldats se sont emparés d'une ferme : les uns se reposent tranquillement près d'un feu pétillant, l'un d'eux même caresse sa maîtresse, tandis que leurs compagnons menacent le maître de la maison renversé à terre. Une femme en larmes leur offre une bourse dans l'espoir de lui sauver la vie sans doute.

CUYP (Albert).

8 — Oiseaux morts déposés sur une table de pierre.

DECKER.

9 — Petit paysage, avec figures attribuées à Ostade.

HEEMSKERK.

10 — Scène de cabaret.

JORDAENS.

11 — Sainte Famille.

La Vierge tient sur ses genoux son divin Fils auquel un ange offre des raisins. Saint Joseph, un peu en arrière, contemple avec amour cette scène ravissante.

LINDZEN (d'après Ommeganck).

12 — Moutons au pâturage.

MANS (F.-H.).

13 — Canal glacé.

MOOR (Carle de).

14 — Portrait d'homme.

15 — Portrait de femme en Diane.

NOTER (J.-B. de).

16 — Une Blanchisserie.

Elle est située sur le bord d'un canal sur lequel on voit, dans une barque
deux hommes occupés à pêcher.

PAUL POTTER.

17 — Trois vaches dans une prairie.

Ce tableau offre des qualités qui justifient son attribution; son dessin,
son exécution réclament l'étude de Messieurs les amateurs.

VAN POL (Ch.).

18 — Bouquet de fleurs.

Il est déposé sur une table près d'un vase de marbre. Il se compose de
roses trémières, de marguerites, de tulipes, de pivoines, de roses blanches,
d'oreilles d'ours, pois de senteur, giroflée, etc., etc. Quelques mouches,
vrais trompe-l'œil, complètent l'ensemble de ce charmant tableau.

RACHEL RUISCH.

19 — Vase de fleurs.

Des pavots, des roses blanches et roses, des volubilis, une églantine jaune, une pivoine, des épis de blés sont déposés dans un vase de cristal sur une table de pierre où l'on voit encore des groseilles blanches et rouges et une cerise.

VAN SPAENDONCK (Corneille).

20 — Corbeille de fleurs.

Elle est déposée sur un chapiteau de marbre, et les fleurs d'une pureté virginale qu'elle contient, y sont groupées avec tant d'art que le hasard semble seul avoir présidé à leur arrangement. Ce sont des roses trémières, une branche d'iris, une pivoine, des boules de neige, des pieds d'alouette, des roses églantines, des pivoines blanches de Chine, enfin une branche de roses à mille feuilles, qui tombent gracieusement de cette corbeille. — Au pied de ce chapiteau sont encore des melons, dont l'un est ouvert ; des raisins, des prunes, des grenades, et une gracieuse branche de groseilles qui viennent ajouter à l'agrément de ce beau et excellent tableau, par le pittoresque et la variété de leurs formes.

SWEBACK.

21 — La Partie d'ânes.

Au centre d'une clairière, près la maison du garde, un léger tilbury est arrêté et gardé par des laquais. Les maîtres en sont descendus pour se livrer au plaisir d'une promenade à ânes.

WOUWERMANS (Pierre).

22 — Près d'une mare des paysans se reposent.

ZORG.

23 — Le Marchand de volaille.

INCONNU.

24 — Scène de cabaret.

ÉCOLE FRANÇAISE

CLAUDE GELÉE (dit LE LORRAIN).

25 — Paysage boisé. Effet du matin.

Une route bordée par un tertre garni de broussailles et d'arbustes légers en occupe tout le premier plan et se prolonge jusque dans les profondeurs d'un petit bois qui détache ses silhouettes brodées, sur un ciel clair et transparent. Enfin, quelques figures enrichissent ce petit tableau que nous recommandons spécialement à l'attention des amateurs.

DEMARNE.

26 — La Pêche aux crevettes.

Une femme montée sur un âne conduit une vache et des chèvres sur une route qui serpente le long d'une plage. Sur cette plage, on voit un homme et une femme occupés à pêcher des crevettes, et encore une autre femme qui se lave les pieds. Sur le premier plan, sont des masses de rochers formant repoussoir, et une voûte sous laquelle passe la route.

FRAGONARD.

27 — Paysage. Étude.

Au centre duquel de petites figures jouant au coll n-maillard sont spirituellement touchées.

28 — Paysage. Pendant du précédent.

Une scène pastorale le complète aussi.

GAUTHIER (Ch.-G.).

29 — Hutte de bûcheron.

30 — Ane à l'abreuvoir.

31 — Le Tambour.

32 — Le Trompette.

HUE (J.-F.).

33 — Paysage, marine.

LAZERGE.

34 — Café algérien.

35 — Mise au tombeau.

36 — Académie de femme.

37 — Plusieurs esquisses.

LEPRINCE (Xavier).

38 — Mendiant.

MENIER.

39 — L'Enlèvement.

Dans la salle d'une auberge, un père vient arracher sa fille des bras de son ravisseur.

PARADIS.

40 — Portrait de François Iᵉʳ.

PAU DE SAINT-MARTIN.

41 — Étude d'église gothique, figures de Roëhn père.

42 — Une Ferme.

REGNAULT.

43 — Allégorie relative à la proclamation des Droits de l'homme.

La France sur son trône présente au peuple le buste de Louis XVI que soutiennent la Force, la Justice et la Prudence. Au pied du trône se groupent les Arts, le Commerce, l'Abondance. — Au centre, sur un autel entouré des protecteurs de la liberté, Lafayette et autres, sont inscrits les Droits de l'homme. — Sur le premier plan, formant repoussoir, la ville de Paris foule aux pieds la Tyrannie ; debout, derrière elle, est Bailly ; au fond se voit la Bastille en feu, et ses vainqueurs triomphants.

Capitale et curieuse esquisse d'un des plus habiles peintres dont notre école puisse se glorifier.

ROEHN (LE PÈRE).

44 — Un commencement d'incendie.

45 — Halte militaire.

ROEHN (LE FILS).

46 — Académie.

VALLEYER-COSTER (Mme).

47 — Fruits et fleurs.

SIMON VOUET.

48 — La Vierge et l'Enfant.

ÉCOLE ITALIENNE

GUIDE (école de).

49 — Saint Pierre.

INCONNU.

50 — La Vierge allaitant son enfant.

51 — La Madeleine.

ÉTUDES PAR M, FELLY

---

52 — Fruits, fleurs, marines, paysages, toutes exécutées
d'après nature, au nombre d'environ deux cents,
seront vendues sous ce numéro.

SCULPTURE

FRANÇOIS FLAMAND (Du Quesnoy, dit).

53 — Le Sommeil de l'Amour.

Cette charmante figure en marbre de Carrare, de grandeur plus que demi-nature, occupait autrefois une place d'honneur dans le cabinet de M. de Sommariva (1), comme une œuvre d'une grande beauté et d'une grande perfection. C'est qu'en effet elle ne le cède à aucun ouvrage des plus grands sculpteurs, ni par la savante exécution, ni par la vérité de la forme, ni par la finesse des contours tendres et délicats ; car, sous le ciseau de ce statuaire célèbre, le marbre semble perdre de sa dureté.

MAROCHETTI.

54 — Très-beau buste en marbre de Napoléon Ier. (Signé et daté.)

DEBAY.

55 — Jupiter. (Bronze.)

JECKER.

56 — Deux chevaux faisant pendants (Bronzes).

(1) M. Felly tient cette belle figure de M. de Sommariva lui-même, qui ne lui céda cette pièce remarquable que malgré lui et forcé par Mme de Sommariva, à laquelle elle rappelait la perte d'un enfant tendrement aimé.

USTENSILES D'ATELIER

57 — Deux chevalets à crémaillère.

58 — Deux chevalets en noyer, à crémaillère, avec griffes.

59 — Un chevalet bonhomme.

60 — Une boîte à couleurs en noyer verni, avec tous ses
accessoires : palette, pinceaux, couleurs, etc.

Renou et Maulde, imprimeurs de la Compagnie des Commissaires-Priseurs,
rue de Rivoli, 144.   8714